Über die Natur des Denkens

oder den Akt des Denkens und seinen

Zusammenhang mit einem klaren Satz

John Haslam

Writat

Diese Ausgabe erschien im Jahr 2023

ISBN: 9789359252032

Herausgegeben von
Writat
E-Mail: info@writat.com

Über die Natur des Denkens
usw. &C. &C.

Bei unserem Überblick über die Schöpfung, die mit Leben und Intellekt ausgestattet ist, kommen wir zu dem Schluss, dass der menschliche Geist unvergleichlich das vollkommenste Exemplar ist, das der göttliche Autor seinen Geschöpfen zur Verfügung gestellt hat. Die Geschichte unserer Spezies entfaltet den großartigen Katalog menschlicher Errungenschaften: Viele Denkmäler, die durch seinen Patriotismus und seine Frömmigkeit errichtet und durch seinen geschmackvollen Einfallsreichtum ausgearbeitet wurden, die dem Zerfall der Zeit und den Plünderungen der Eroberung widerstanden haben, verbleiben in unserem Besitz: und Wir bewahren immer noch jene intellektuellen Schätze, die die Poesie, die Beredsamkeit und die Weisheit der aufgeklärten Nationen der Antike einbalsamieren. Dies sind zu Recht die Vorbilder, die wir nachzuahmen versucht haben, und sie wurden sogar als die Grenzen des Erreichten angesehen: Aber eine neue Epoche ist entstanden, die sich durch die Kultivierung dessen auszeichnet, was zum ultimativen Vorteil tendiert, in dem der Geist sich auf seine Ziele verlässt Es war weniger geneigt, sich dem Diktat der Autorität zu unterwerfen, da es die einheimischen Energien nutzte und seine eigenen Gedanken über menschliche Angelegenheiten ausübte.

In dieser Zeit verfügen wir über zahlreiche Möglichkeiten, wertvolles Wissen zu erwerben: Durch dieses System wurden die geistigen Fähigkeiten auf ihre richtigen Ziele ausgerichtet und die für den Unterricht benötigte Zeit wurde erheblich verkürzt. Diese Verkürzung des üblichen Bildungsweges hat zur Vernachlässigung des klassischen Lernens geführt, das selbst über viele Jahre hinweg eine schmerzhafte und andauernde Aufmerksamkeit für zwei Sprachen erforderte, die nicht mehr gesprochen werden und nur schriftlich an das Auge gerichtet sind Charakter. Es ist keineswegs beabsichtigt, den Wert der klassischen Literatur, das Aushängeschild eines Gelehrten und den Pass und Schmuck eines Gentlemans, zu unterschätzen; aber um eine sehr wahrscheinliche Meinung einzubringen, dass nur wenige von denen, die viele der produktivsten Jahre ihres Bestehens den griechischen und lateinischen Schriftstellern gewidmet haben, jemals eine kritische Kenntnis dieser Sprachen erlangen: und dass die Substanz von Moral, Weisheit usw Sogar die eleganten Ausdrucksformen lassen sich sicherer durch die besten Übersetzungen vermitteln, die wir heute besitzen und deren Ausführung einen großen Teil der Zeit erfahrener Gelehrter in Anspruch genommen hat. Diese Umwandlung des Talents in das, was nützlich und gewinnbringend ist, hat dem Geist einen energischeren Impuls gegeben und den Marsch beschleunigt, dessen wir uns jetzt so zu Recht rühmen; aber das lässt sich nicht leugnen, was die Schnelligkeit unseres Fortschritts betrifft , und erfüllt von der brennenden Hoffnung, an unserem Ziel anzukommen, haben wir den Maschinen, die uns vorwärts trieben, kaum Beachtung geschenkt oder die Landschaft, durch die wir fuhren, betrachtet.

Die meisten Menschen stimmen darin überein, dass der menschliche Geist das edelste Forschungsobjekt ist; aber nur wenige werden sich die Mühe machen, die Analyse durchzuführen. Bei der Menge gibt es weder Muße noch Neigung, und die Lehren, die über unsere intellektuellen Fähigkeiten und ihre Funktionsweise diktiert wurden, tendierten eher dazu, die Forschung zu unterdrücken als zu fördern. Es ist daher unnötig, den Katalog berühmter Namen aufzuzählen, deren widersprüchliche Systeme beim Studenten Misstrauen und Abneigung hervorgerufen haben. Die Wissenschaft, die zu Unrecht als Metaphysik bezeichnet wurde, sollte als ein Zweig der menschlichen Physiologie betrachtet werden, der nicht von den Phänomenen des Lebens abstrahiert, sondern in diesem Zustand der Existenz mit ihnen verbunden ist. Die Zitate auf der Rückseite des Titelblatts, zu denen noch viele weitere hätten hinzugefügt werden können, zeigen deutlich, dass die Lehre, dass Wörter die Elemente des Denkens sind, nicht auf meiner eigenen Vermutung oder Schlussfolgerung beruhte und dass das Unterfangen folglich auch nicht aus meiner eigenen Überzeugung stammte Es war das einzige Ziel meiner Forschung, den Wahrheitsgehalt dieser Tatsache zu erforschen. unter der Überzeugung, dass, wenn die Ideen unzureichend seien, nur Worte übrigblieben, um die Lösung dieses wichtigen Prozesses zu ermöglichen. Der notwendige Zusammenhang des Denkens mit der Konstruktion eines klaren Satzes ist meines Wissens bisher nicht bemerkt worden.

Man sagt von uns, dass wir über bestimmte Themen nachdenken , und es wird zugegeben, dass dieser Prozess eine intensive Anstrengung unserer intellektuellen Fähigkeiten erfordert. Für diesen Vorgang wurden jedoch weder die Materialien klar spezifiziert noch die Art und Weise der Ausarbeitung definiert. Es wurde angenommen, dass unsere Gedanken durch eine geheimnisvolle Ansammlung und Anordnung von IDEEN erzeugt werden , die der Geist oder die Seele durch eine geschickte und unmerkliche Erfindung ausführt; Obwohl wir uns aller unserer Intelligenzakte bewusst sind, wird es bei näherer Betrachtung offensichtlich sein, dass solche Intelligenz ohne unser Bewusstsein nutzlos wäre.

Mr. LOCKE , dessen Name niemals erwähnt werden kann, ohne dankbar an die Unterweisungen zu denken, die er uns erteilt hat, und an die Offenheit , mit der er die Schwierigkeiten dargelegt hat, die den Fortschritt seiner Untersuchungen behinderten, hat dieses ideale System am ausführlichsten angewendet: aber Es ist offensichtlich, dass er die Dunkelheit seiner eigenen Definition spürte. In seiner Einleitung zum Essay, S. 5, 6. Auflage, sagt er:

„Bevor ich mit dem fortfahre, was ich zu diesem Thema gedacht habe, muss ich meinen Leser an dieser Stelle um Verzeihung für die häufige Verwendung des Wortes „Idee" bitten, das er in der folgenden Abhandlung finden wird . Es handelt sich um den Begriff, der meiner Meinung nach am besten dafür geeignet ist, für alles zu stehen, was Gegenstand des Verständnisses ist, wenn ein Mensch denkt. Ich habe ihn verwendet, um alles auszudrücken, was mit Phantasma, Vorstellung, Art oder was auch immer gemeint ist Der Geist kann beim Denken eingesetzt werden, und ich konnte nicht umhin, ihn häufig zu benutzen. Dr. REID geht fast in die gleiche Richtung: „Es ist ein Grundprinzip des idealen Systems, dass jedes Gedankenobjekt ein *Eindruck* oder eine *Idee sein muss* , das heißt eine *schwache Kopie* eines vorhergehenden Eindrucks." – *Untersuchung into the Human Mind on the Principles of Common Sense* , 1765, S. 41.

Nachdem die Lehre von den angeborenen Ideen zu Recht aufgedeckt wurde , folgt daraus, dass diese Ideen aus unserem Umgang mit der Welt, in der wir leben, abgeleitet werden müssen. Zu diesem Zweck sind wir mit fünf Sinnen ausgestattet, von denen jeder eine eigene und unterschiedliche Art von Intelligenz erhält, die als Wahrnehmung bezeichnet wird. Die Wahrnehmungen des Auges hinterlassen bei aufmerksamer Betrachtung auf dem Sensorium ein Phantom oder eine Idee des Objekts, ein lebendiges Denkmal dessen, was wahrgenommen wurde; aber die anderen Sinne vermitteln kein ähnliches Phantasma. [1] Die Ideenlehre scheint trotz all ihrer Schwierigkeiten unterstützt und in Einklang gebracht worden zu sein, angefangen von einer angeblichen spirituellen Wirkung und Führung im Akt des Denkens bis hin zu einer unversöhnlichen Abneigung gegen jede Erklärung, die als nach Materialismus riechend angesehen *werden* könnte . Dieser Begriff, die Verunglimpfung der Frommen, die bequeme Schmähung der Unwissenden, die in ihrer umfassenden Verfolgung dem schrecklichen Wort feige gleichkommt, erfordert eine kurze und bescheidene Darlegung. Dass wir in einer materiellen Welt existieren, lässt sich kaum leugnen, und es ist eine berechtigte Schlussfolgerung, dass die Vernichtung der Materie unseren Globus und seine Bewohner gleichermaßen zerstören würde. Die konzentrierte Kraft des Menschen kann weder ein einziges Atom erschaffen noch ausrotten. Der menschliche Körper ist ein materielles Gefüge: Das Gehirn und die Nerven sowie die empfindlichen Organe, die die Instrumente unserer Wahrnehmung sind – durch die wir Licht empfangen, Düfte wahrnehmen, Geräusche wahrnehmen, Speisen genießen und die Befriedigung des Kontakts genießen, sind das alles der materiellen Struktur: und wenn dieser Zustand, der Tod genannt wird, eingetreten ist, hören ihre Ämter auf und sie unterliegen den Zersetzungen, denen alle tierische Materie ausgesetzt ist.

Die *Fähigkeiten* , durch die wir Freude und Schmerz fühlen, erfahren, wahrnehmen, uns erinnern, Willenskraft ausüben und bewusst werden, können als spirituelle oder, wenn man es vorzieht, als göttliche Gaben bezeichnet werden; und es ist unwahrscheinlich, dass wir jemals die unmittelbare Agentur entdecken werden, durch die diese Operationen ausgeführt werden. Der Zustand des *Lebens* , das unverzichtbare Medium zur Darstellung der Phänomene der Intelligenz in unserer gegenwärtigen Existenzlage, ist für den menschlichen Scharfsinn gleichermaßen unergründlich, obwohl zu seiner Lösung unterschiedliche Hypothesen aufgestellt wurden.

Um das harmonische Zusammenwirken von Bewegungen und Prozessen, die lebende Tiere auszeichnen, zu erklären, wurde eine Materie des Lebens angenommen und vermutet, dass es sich bei ihrer Natur um eine Modifikation [2] der Elektrizität oder des Galvanismus handelt, die, da sie nicht unterstützt wird, keinen weiteren Kommentar verdient . Eine andere Sekte von Physiologen hat angenommen, dass das Leben das unmittelbare Ergebnis einer bestimmten Organisation ist; Sie sind jedoch nicht in der Lage zu beweisen, dass jede Anordnung von Teilen folglich mit lebenswichtigen Wirkungen ausgestattet ist. Diese Anordnung bestimmter Gewebe kann für die Ausführung verschiedener Funktionen im lebenden Zustand absolut notwendig sein: Dies ist jedoch etwas völlig anderes als die Energie oder Ursache , die die Aktion auslöst. Eine Geige und ihr Bogen sind darauf vorbereitet, „hervorragendste Musik zu spielen“, doch sie sind stumm, bis sie von den geschickten Händen des Interpreten geführt werden. Wenn viele Krankheiten zum Tod führen, bleibt die Organisation bestehen, denn ohne dieses Zugeständnis müssen unsere anatomischen Kenntnisse sehr unvollständig sein. Daher ist die Natur des Lebens, ob es nun in der pflanzlichen Schöpfung entwickelt ist oder seine bewundernswerten Komplikationen in den höheren Tieren zeigt, mit keinem der Prinzipien, die unsere Philosophie regeln, erklärbar und kann nur auf die Erfindung und Anordnung unendlicher Weisheit zurückgeführt werden : Doch das Vehikel, in dem diese erstaunlichen Operationen durchgeführt werden, besitzt eine materielle Grundlage: Selbst die verwirrte Masse, aus der die Erde besteht, auf der wir gehen, besitzt bestimmte intrinsische Eigenschaften. Jedes Atom unterliegt einer bestimmten Regulierung und kann ohne Übertreibung als mit einer instinktiven Tendenz ausgestattet angesehen werden, sich bei günstigen Gelegenheiten zu verbinden oder zu trennen, und die korrekte Beobachtung dieser Gewohnheiten bildet die Grundlage der chemischen Wissenschaft. Wenn die Kraft und Intelligenz des höchsten Künstlers in den letzten Teilchen der Materie deutlich sichtbar wird, sollten wir in unseren Beschimpfungen gegen die Doktrin des Materialismus maßvoller sein.

Ideen wurden im Allgemeinen von vielen Metaphysikern verwendet und für kompetent gehalten, um die Phänomene und Vorgänge unserer intellektuellen Natur zu erklären, doch ihr Versuch ist gescheitert. Sie haben versucht , ihnen eine Macht zu verleihen, die sie nicht besitzen, und haben dem Geist eine Herrschaft über sie gegeben, die er nicht ausüben kann. [3] Ideen sind Erinnerungsphantasmen der visuellen Wahrnehmung, eine Großzügigkeit, die vielleicht ausschließlich dem Sehsinn zuteil wird, und diese Großzügigkeit trägt wesentlich zum Erwerb und zur Bewahrung von Wissen bei. Sie sind die unvergänglichen Transkripte der Vision und zeigen im Rückblick der Erinnerung das ursprüngliche Bild. Sie unterliegen nur wenig der unmittelbaren Leitung des Willens und können nicht willkürlich aufgerufen oder entlassen werden, sondern verdanken ihre Einführung einer anderen Quelle, die später erläutert wird. Sie üben wichtige Aufgaben aus, obwohl sie nicht das Material sind, um das Gebäude des Denkens aufzubauen und zu festigen.

Jene Autoren über den menschlichen Geist, die an der Ideenlehre festhielten und die Verfechter der Spiritualität des Denkens waren, haben die Sprache nur unzureichend berücksichtigt oder ihr eine untergeordnete Bedeutung beigemessen; das herausragende Kriterium, durch das sich ein Mensch stolz über den Rest der belebten Schöpfung erhebt. Sprache und ihre Darstellung durch Charaktere sind ausschließlich für den Menschen verständlich; und dies waren die Quellen seiner enormen Errungenschaften und seines schnellen Fortschritts. Das Ohr nimmt die verschiedenen Intonationen auf, die Intelligenz vermitteln, und die Zeichen oder Symbole dieser bedeutsamen Laute werden vom menschlichen Auge erkannt. Von einigen der fügsameren Tiere wurde angenommen, dass sie in der Lage seien, die Bedeutung einiger weniger einzelner Wörter zu verstehen, aber niemand, der es wert wäre, geglaubt zu werden, hat behauptet, dass sie einen Satz oder eine bestimmte Aussage verstehen könnten wunderbar , jemals zu behaupten gewagt, dass sie lesen konnten. Das wichtige Merkmal und der offensichtliche Nutzen der Sprache besteht in der Umwandlung unserer Wahrnehmungen in einen bedeutsamen Laut oder ein Wort, das durch Konvention anderen mitgeteilt werden kann und eine gemeinsame und identische Bedeutung hat. Auf diese Weise werden wir durch die Übertragung und den Empfang dieser artikulierten und bedeutungsvollen Laute füreinander verständlich. Worte sind nicht nur die Repräsentanten der Wahrnehmungen, die wir mit unseren fünf Sinnen empfangen, sondern auch vieler innerer Gefühle, Leidenschaften und Emotionen sowie all dessen, was der Geist (die Gesamtheit von Fähigkeiten und erworbener Intelligenz) hervorgebracht *hat* . Das Ergebnis dieser Umwandlung macht das Wort zum verständlichen Ersatz für das wahrgenommene Ding, so dass die Anwesenheit des Objekts an seinen Namen erinnert und der Name, wenn er ausgesprochen wird, die unmittelbare Erinnerung an das abwesende Objekt hervorruft. Dieser gegenseitige Ersatz oder gegenseitige Austausch bildet die Grundlage und liefert einen Grund für die Sprache. Wer sich die Mühe macht, die Fortschritte des Kindes vom Beginn seiner Sprechversuche an zu beobachten, wird von der Zurschaustellung seiner Neugier und Intelligenz überrascht sein. Es freut sich über die Existenz, die es genießt, und über die Fähigkeit seiner Sinne, die Objekte der Welt, die es umgibt, zu untersuchen. Jedes Organ ist nacheinander damit beschäftigt, die Wunder und Geheimnisse wahrzunehmen, die präsentiert werden. Dieses unaufhörliche, aber stille Spiel der Wahrnehmung geht so lange weiter, bis ein oft wiederholter Klang den Hörsinn interessiert und, obwohl er zunächst nur schwach verstanden wird, einen gegenwärtigen Gegenstand oder eine gegenwärtige Person darstellen soll und durch eine kaum verstandene Erregung dazu drängt die Anstrengung der Nachahmung. Der Erfolg einer verständlichen Aussprache drängt sie zu weiteren Versuchen, *Vires Acquirit eundo* und sammelt in vergleichsweise kurzer Zeit einen umfangreichen Wortschatz an. Dies sind die beginnenden Bemühungen, jene Umwandlung des Wahrnehmungsobjekts in das Wort zu etablieren, auf der die Struktur der Sprache aufgebaut ist. Es ist unnötig, diese Anfänge der Sprache weiter zu verfolgen oder die Befriedigung zu beschreiben, die es empfindet, wenn das Kind durch diese Umwandlung von Wahrnehmungen in Worte die Wunder, die es gesehen hat, die Köstlichkeiten, die es gekostet hat, oder die schmeichelhaften Belobigungen mitteilen kann, die ihm zuteil werden auf seine Person und seine Leistungen. Diese Umwandlung verleiht zusätzliche Befriedigung, da sie es ermöglicht, dem Objekt der unmittelbaren Wahrnehmung einen angemessenen und verständlichen Namen zu geben. Durch die wiederholte Ausübung dieser Umwandlung, die sich bald zur Gewohnheit verfestigt, sprechen wir mit Hilfe des Gedächtnisses von der Vergangenheit mit der Richtigkeit und dem Gefühl der Gegenwart. Ab einem bestimmten Alter lernen wir, die Zeichen zu unterscheiden, aus denen Wörter bestehen (Buchstaben), die Reihenfolge, in der sie platziert sind (Orthographie), und, was noch schwieriger ist, die Position dieser Wörter, um eine eindeutige und zusammenhängende Bedeutung zu vermitteln. Wenn man mit dem Lesen vollständig fertig ist, muss man bedenken, dass alle Sätze in dem von uns gelesenen Band aus einzelnen Wörtern bestehen, die Beispiele für die erwähnte Umwandlung sind; Und obwohl die Objekte fehlen und die Handlungen schon vor langer Zeit, oft schon seit Jahrhunderten, ausgeführt wurden, sind wir an der Erzählung interessiert und zollen ihm den angemessenen Tribut von Sympathie oder Bewunderung. Auf diese Weise mit einer bestimmten Bedeutung durchdrungene Worte werden zur fließenden Währung des Geistes, sind die wirksamen Materialien des Denkens und seines klaren Ausdrucks.

Es ist oft bemerkt worden, dass der Geist größere Freude daran hat, entfernte Ausflüge zu unternehmen, als an der Untersuchung umgebender oder direkt offensichtlicher Gegenstände. Eine solche unmittelbare Hilfe für die Verfolgung und Entwicklung dieser Untersuchung wird in zwei bemerkenswerten Fällen geboten, in denen die Natur von ihrem üblichen Kurs abweicht und die nicht selten vorkommen. 1. Manche Menschen werden mit unempfindlichen Ohren für Geräusche geboren, und da die Sprache durch Nachahmung erworben wird, [4] bleiben diejenigen, die taub sind, stumm oder stumm. [5] Mit Ausnahme des Gehörsinns sind sie wie Tiere die Geschöpfe der Wahrnehmung. Einige haben beträchtliche Neugier bei der Untersuchung von Gegenständen mit dem Auge und mit den Organen des Tast-, Geschmacks- und Geruchssinns bewiesen; aber mit diesen Elementen des Wissens machen sie keine fortschreitenden Fortschritte in der Intelligenz, bis ihnen die Charaktere, die es sind, auf Umwegen beigebracht wurden die Bestandteile von Wörtern, und auch zu verstehen, dass das Wort selbst der umgewandelte Ersatz für das wahrgenommene Objekt ist. Ungeachtet dieser Mängel und Unfähigkeit zum menschlichen Verkehr müssen diese tauben und folglich stummen Personen in einem sehr hohen Maße Gegenstand von Ideen oder jenen Phantasmen sein, die mit der visuellen Wahrnehmung verbunden sind.

Das zweite Beispiel betrifft diejenigen, die blind geboren werden und ihr ganzes Leben lang blind bleiben. Eine Person, die einer solchen völligen Sehbehinderung unterliegt, muss von jenen Phantasmen oder Ideen befreit werden, die mit der visuellen Wahrnehmung verbunden sind oder deren Restkontingente darstellen: Dennoch erlernen Blinde in jungen Jahren die Sprache mit der gleichen Leichtigkeit wie die Kinder, die Freude daran haben Sicht; aber sichtbare Objekte müssen für sie abstrakte oder komplexe Begriffe sein, wie alle diese zwangsläufig sind, die nicht Objekte der Wahrnehmung sein können. Die anderen empfindlichen Organe und insbesondere der Tastsinn werden in begrenztem Umfang zum Ersatz für Sehfehler, obwohl sie keinen wirklichen Ersatz für das Sehvermögen darstellen. Durch Modelle können Blinde mit alphabetischen Zeichen vertraut gemacht werden, sie zu Wörtern zusammensetzen und auf die gleiche Weise die Noten unterscheiden und aufzeichnen. Einige der Blinden sind hochintelligent geworden und haben sich durch ihre Scharfsinnigkeit im Gespräch hervorgetan; und da die Menschen die Tauben und Stummen in den Hintergrund gelassen haben, sind diese dennoch mit allen Ideen ausgestattet, *die* vom Sehen geerbt werden können. Dieser ständige Einsatz bedeutungsvoller Wörter erleichtert dem Blinden die Beschaffung von Informationen durch sachdienliche Fragen erheblich und ermöglicht ihm, seine Gedanken präzise und korrekt mitzuteilen. Diese Worte und die Intelligenz, die ihnen innewohnt, sind die einzigen Quellen seines Wissens (seine Wahrnehmungen werden in Worte umgewandelt), und die Bedeutung, die sie bedeuten, ist alles, was er verstehen muss. An dieser Stelle sei noch einmal darauf hingewiesen, dass die Fähigkeit, mit der der Mensch die Bandbreite des Denkens ausschließlich durch bedeutungsvolle Laute ausübt und von anderen die gleiche orale Intelligenz erhält, keine materielle Grundlage hat, die wir möglicherweise erkennen oder logisch ableiten könnten: sondern als eine betrachtet werden muss Gabe unendlicher Macht und Weisheit.

Bevor wir diesen Ideen oder Phantasmen, den Schatten der visuellen Wahrnehmung, solch gewaltige Kräfte zuschreiben, ist es zweckmäßig, ihre Natur zu untersuchen und zu versuchen , die Gesetze herauszufinden, durch die sie reguliert werden. In diesem Zustand der mentalen Entspannung, wenn der Intellekt nicht intensiv mit einem bestimmten Thema beschäftigt ist, werden unwillkürlich unzählige Phantasmen eindringen: Denn während der Zeit, in der wir wach sind, ist der Geist nie ganz unbeschäftigt, und solche unregelmäßigen Präsentationen von Ideen bilden unsere Träumereien . Wie auch immer diese Ignes Fatui auf ihren Wanderungen schimmern, sich stürmisch versammeln oder abrupt verschwinden; Ein solcher Zusammenfluss oder eine solche Zerstreuung trägt nichts zum effektiven Denken bei. Soweit diese Ideen oder Phantasmen, die unterwürfigen Schatten der visuellen Wahrnehmung, verfolgt werden können, sind sie nicht in der Lage, durch irgendeinen freiwilligen Befehl zum Erscheinen gerufen zu werden; werden aber folglich durch den Begriff oder das Wort wiederbelebt, für das die Wahrnehmung umgewandelt wird. Wenn wir also von der St. Paul's Cathedral oder der Westminster Abbey sprechen, tauchen, nachdem wir sie zuvor mit Aufmerksamkeit betrachtet haben, sofort die damit verbundenen Visionen dieser Gebäude auf, und wir werden von einem Erinnerungsbild in Verbindung mit und durch das Eingreifen des Wortes beeindruckt. Der Wille besitzt keine Macht, Ideen zu vereinen oder zu trennen; sie haften an den unveränderlichen Ablagerungen der Wahrnehmung und bleiben diese. Als nächstes stellt sich die Frage, welcher menschliche Zweck durch ihre alleinige Handlungsweise erreicht werden kann. Können bei diesen feierlichen Anlässen, bei denen wir unsere Gebete an die göttliche Quelle richten, diese Ausbrüche dankbarer Gefühle und demütiger Bitten in Phantasmen vermittelt werden? Bringt der klagende und reuige Sünder seine ängstlichen Bitten nicht nachdrücklich zum Ausdruck? Kann ein menschlicher Vertrag durch bloße Ideen geschlossen werden oder ein Rechtssystem auf einer solch visionären Grundlage errichtet werden? Ideen können es uns daher nicht ermöglichen, unsere Pflicht gegenüber Gott oder unserem Nächsten zu erfüllen . [6]

Bei der Verfolgung dieses wichtigen Themas verdeutlicht das offene Geständnis von Herrn LOCKE sein Misstrauen gegenüber der Kraft und Effizienz seiner Lieblingsideen . „Um sich eine klare Vorstellung von der

Wahrheit zu machen, ist es sehr notwendig, die Wahrheit des Denkens und die Wahrheit der Worte getrennt voneinander zu betrachten. Dennoch ist es sehr schwierig, sie getrennt zu behandeln. Weil es bei der Behandlung mentaler Aussagen unvermeidlich ist von Wörtern Gebrauch zu machen; und dann hören die gegebenen Beispiele von *mentalen* Sätzen sofort auf, kaum mental zu sein, und werden *verbal*. Denn ein mentaler Satz ist nichts weiter *als eine bloße Betrachtung der Ideen*, wie sie in unserem Geist ihrer Namen *beraubt sind* Sie verlieren den Charakter rein mentaler Sätze, sobald sie in Worte gefasst werden. Und was es *noch schwieriger macht*, mentale und verbale Sätze getrennt zu behandeln, ist, dass die meisten Menschen, wenn nicht alle, in ihrem DENKEN, und Wenn wir in uns selbst Überlegungen anstellen, verwenden wir WORTE anstelle von Ideen, zumindest wenn das Thema ihrer Meditation komplexe Ideen enthält. Dies ist ein großer Beweis für die Unvollkommenheit und Unsicherheit unserer Ideen dieser Art und kann dies auch tun, wenn sie aufmerksam formuliert werden Die Verwendung dient als Zeichen, um uns zu zeigen, was das für Dinge sind, von denen wir klare und vollkommen etablierte Vorstellungen haben und was nicht." – *Bd.* II. *C.* 5, *S.* 195. Herr LOCKE war ein geduldiger und aufmerksamer Beobachter dessen, was in seinem eigenen Kopf vorging, wenn er über ein bestimmtes Thema streng nachdachte: und in diesem Prozess war er sich ebenso wie andere bewusst, dass er in diesem Prozess Worte anstelle von *Ideen* verwendete sein Denken und Denken in sich selbst. Allein durch Ideen gesteht er, dass er nicht vorankommen konnte; und aus diesem offensichtlichen Grund, weil Ideen nur durch ein verbales Medium anderen mitgeteilt oder von uns selbst empfangen werden können. Es gibt keinen Beweis für das Denken, ohne dass es deutlich in Worten ausgedrückt wird, die an das Ohr gerichtet sind, oder durch deren Charakter, die dem Auge präsentiert werden; und auf das eitle Bewusstsein, das wir möglicherweise haben, dass unser Geist von wichtigen Gedanken wimmelt, ist wenig Verlass, bis wir in der Lage sind, sie mündlich auszudrücken oder schriftlich darzulegen. Bei denjenigen, die der Ideallehre anhängen und den spirituellen Prozess des Denkens befürworten, herrscht die Meinung vor, dass die Idee zunächst mental konzipiert und anschließend durch einen nicht erklärten Prozess mit dem entsprechenden Ausdruck versehen wird. Es ist jedoch sicher, dass das Wort selbst mit der Bedeutung, die ihm beigefügt ist, zuvor erworben und gründlich verstanden werden muss, bevor die abstrakte Idee oder der nackte Gedanke den passenden Ausdruck auswählen und die weite Bandbreite einer Fülle durchsuchen kann Wortschatz. Diejenigen, die an die extreme Schnelligkeit des Denkens glauben, auf die wir gleich hinweisen werden, müssen über diese Art der Erklärung beunruhigt sein, die das Denken zwangsläufig zu einem zweifachen Prozess macht und folglich mindestens die doppelte Zeit für seine Offenbarung in Anspruch nehmen würde. Vielleicht ist die Phraseologie, die wir verwenden, ebenso wie unser Benehmen, in allen Fällen von der Gesellschaft abgeleitet, in der wir uns aufhalten: Was von Personen mit guter Bildung aufgenommen wird, trägt den Stempel überlegener Unterscheidungskraft und Korrektheit, im Gegensatz zum unhöflichen Dialekt des Vulgären: aber es Es bleibt immer noch ungelöst, mit welchen Mitteln diese Phantasmen oder Ideen sich mit den geeigneten Worten ausstatten, um die von ihnen konzipierten Gedanken auszudrücken.

Kann man annehmen, dass die abstrakte, nackte und nicht mitteilbare Vorstellung eine angeborene Scharfsinnigkeit besitzt, sich mit einem bestenfalls kapriziösen und vergänglichen Wortgewand zu kleiden?

„ Multa renascentur , quæ jam cecidere , cadentque

Quæ nunc sunt in honore Vokabeln , si volet usus,

Quem penes arbitrium est , et jus et norma loquendi .

Es ist sicher, dass Ideen als zusammenhängende Ergebnisse und dauerhafte Phantasmen der visuellen Wahrnehmung unabhängig von Worten im Geist existieren können, und ein solcher Zustand wird bei taub geborenen Menschen veranschaulicht, die folglich stumm sind: für die das Geschäft des Lebens eine Rolle spielt bloße Pantomime, die nur die Impulse der Leidenschaft mitteilt und ihren Mangel an Verständnis offenlegt.

„In stummen Bedeutungen verkünden ihre Gedanken." – *Heinrich VI* .

Aus diesen Beispielen geht hervor, dass ein Mensch über eine Vielzahl von Ideen verfügen und dennoch der Sprache völlig unwissend sein kann; und im Fall von Blindgeborenen kann er die Sprache in vollem Umfang erlernen, ohne Ideen zu haben, was daher nicht der Fall sein kann als die notwendigen Instrumente des Denkens betrachtet. Daher ist der vermutete gegenseitige Verkehr und die wechselseitige Korrespondenz zwischen Ideen und Worten eine sehr umstrittene Schlussfolgerung.

Wenn die Idee oder das Phantasma, das mit der visuellen Wahrnehmung verbunden ist, infolge der Erwähnung des Wortes erscheint (das durch Umwandlung sein Ersatz ist), erfolgt die Präsentation unmittelbar. Wer interessante Szenen, Gebirgsgegenden, Katarakte oder Ausblicke besucht und aufmerksam beobachtet hat, dem werden, wenn sie erwähnt werden, deren Phantasmen oder Bilder in den Sinn kommen, und er wird sich ihrer bewusst sein, wie das Eindringen eines plötzlichen Blitzes. Aus diesem Phänomen könnte aller Wahrscheinlichkeit nach die allgemein verbreitete Meinung von der *Schnelligkeit* des *Denkens* entstanden sein.

Alle populären und etablierten Vorstellungen, wie unbegründet sie auch sein mögen, ebenso wie Vorurteile, die man sich schon früh angeeignet hat, lassen sich nur schwer ausrotten. Dazu gehört beispielsweise das Sprichwort von der erstaunlichen Schnelligkeit des Denkens, das fast sprichwörtlich ist und allgemein geglaubt wird: Sogar Mr. TOOKE , Bd. I., S. 28 entspricht dieser etablierten Maxime. „Wörter wurden „ *geflügelt* " *genannt* , und sie verdienen diesen Namen durchaus, wenn man ihre Abkürzungen mit dem Fortschritt vergleicht, den die Sprache ohne diese Erfindungen machen könnte; aber wenn man sie mit der *Schnelligkeit* des *Denkens vergleicht* , haben sie nicht den geringsten Anspruch auf diesen Titel." Durch Berechnung soll der Verlauf des Lichts der Sonne und anderer Himmelskörper ermittelt werden; und ebenso die Geschwindigkeit, mit der sich Schall ausbreitet: Aber bisher wurde keine Vorrichtung erfunden, um die Geschwindigkeit des Denkens abzuschätzen. Wenn die Abfolge unserer Gedanken schneller sein sollte, als sie klar erfasst werden können, muss Verwirrung entstehen, und ihre Schnelligkeit würde sie nutzlos machen. Unsere Wahrnehmungen unterliegen demselben Gesetz. Wenn die prismatischen Farben auf eine Oberfläche aufgetragen werden, die sich mit großer Geschwindigkeit dreht, sind die einzelnen Farben nicht sichtbar. Die Aufeinanderfolge von Lauten bis zu einer bestimmten Anzahl kann in einem bestimmten Intervall mehrfach unterschieden werden; wenn aber die Aufeinanderfolge über die Unterscheidungskraft hinaus gesteigert wird, werden sie dem Ohr als ein einheitlicher Laut auffallen. Dasselbe Prinzip muss unsere Gedanken regeln, egal ob sie aus Ideen oder Worten bestehen oder, wenn möglich, aus beidem, durcheinander. Es scheint nicht, dass unsere Gedanken für irgendeinen nützlichen Zweck, der ihre Mitteilung an andere oder für die Aufzeichnung in schriftlicher Form implizieren muss, schneller sein können als *die* verständliche Aussprache der Wörter selbst, und die, wenn sie in schneller Folge vorgetragen werden, Lassen Sie den Kurzschreiber hinter sich. [7]

Denn Ideen können nichts weiter sein als bloße Phantasmen, die mit der visuellen Wahrnehmung einhergehen und die wie die Wahrnehmungen der anderen Sinne in Worte umgewandelt werden, die mit Hilfe des Gedächtnisses in ihrer Abwesenheit an die wahrgenommenen Objekte erinnern. Es wäre schwer anzunehmen, dass Ideen zufällig oder freiwillig in einer schnelleren Folge zusammenkommen könnten als die Wörter, in die sie umgewandelt wurden, ohne Verwirrung zu stiften. Es passiert häufig, dass unerfahrene Personen, wenn sie vor einem Gericht aussagen oder sich an eine Volksversammlung wenden, nicht weitermachen können; und sie neigen im Allgemeinen dazu, dieses Versagen so zu interpretieren, dass ihre Gedanken in einer zu schnellen Abfolge auftauchen, als dass sie sie aussprechen könnten. Wenn man davon ausgeht, dass die Entschuldigung richtig ist, ist sie ein Beweis dafür, dass eine solche Schnelligkeit unbequem ist und den Gedanken völlig nutzlos macht, wenn er nicht mitgeteilt werden kann.

Wenn wir die Schritte unseres eigenen Geistes im Akt des Denkens aufmerksam messen und auch den Fortschritt anderer beobachten, werden wir feststellen, dass effektives Denken nicht das Ergebnis dieses schnellen und turbulenten Ansturms von Ideen ist; Es handelt sich jedoch um eine sehr bewusste und in vielen Fällen schmerzhafte Ausarbeitung. Wenn sie niedergeschrieben wird, muss sie späteren Überarbeitungen und wiederholten Korrekturen unterzogen werden und muss auf die *Wörter angewendet werden*, aus denen der Satz besteht, in dem der Gedanke enthalten ist. Aus dieser allgemeinen Sicht auf das Thema wird geschlossen, dass Ideen, die verbleibenden Phantasmen der visuellen Wahrnehmung, nicht direkt die unmittelbaren Instrumente des Denkens darstellen oder werden können.

als bescheidener Versuch angesehen wird , einen Teil der intellektuellen Physiologie zu untersuchen, wird eine Entschuldigung für einen kurzen Exkurs zur Untersuchung der Kräfte und Fähigkeiten des menschlichen Geistes kaum als notwendig erachtet werden: und der, wenn er bestimmt ist, als der angesehen werden kann Alphabet der Geisteswissenschaft.

Systeme, die voreilig konstruiert wurden und unter dem Eindruck von Autorität standen, waren besondere Hindernisse für unseren intellektuellen Fortschritt; und diese Wahrheit wurde in den Werken, die sich mit dem menschlichen Geist befassten, auf bemerkenswerte Weise veranschaulicht. In den zahlreichen Abhandlungen zu diesem Thema, die in der Presse erschienen sind, gibt es nur wenig Einigkeit über diese Befugnisse oder Fähigkeiten, und es ist offensichtlich, dass eine bestimmte Zahl erforderlich sein muss: Einige Autoren zählen mehr auf, andere weniger, und das ist nicht ungewöhnlich Für einige dieser metaphysischen Projektoren besteht die Möglichkeit, eine einzelne und vermutete Fähigkeit in eine Vielzahl von Unterteilungen aufzuteilen. Dem aufmerksamen und geduldigen Beobachter wird es scheinen, dass die Vorgänge der Natur mit bewundernswerter Einfachheit ausgedacht sind; Aber der Mensch hat bei seinen Versuchen , sie zu erklären, im Allgemeinen auf eine mysteriöse und entmutigende Komplexität zurückgegriffen. Es ist also zu erwarten, dass dieselbe Fähigkeit nach Ansicht unterschiedlicher Autoritäten unterschiedliche Energien besitzt – man erkennt, dass eine an die Grenzen einer anderen vordringt, und man versucht, den Mechanismus des Geistes, der von diesen scholastischen Diktatoren erfunden wurde, in Gang zu setzen in Bewegung ist es funktionsunfähig. Für die große Bewegungskraft haben wir eine undefinierte und folglich unverständliche Lehre von *Ideen* , von angeblicher spiritueller und leitender Wirkung; Das Eingeständnis würde die Verantwortung eines Menschen sowohl hier als auch im Jenseits zerstören und seinen geadelten Zustand zum Instinkt des sprachlosen Rohlings degradieren. Um diesen unwesentlichen und reflektierten Phantasmen etwas Aktivität und Mimikspiel zu verleihen, wurde eine Theorie der *Assoziation von Ideen aufgestellt,*

 Es
wurde ein ermüdender Katalog von Fähigkeiten aufgezählt, von denen viele
auf Vermutungen beruhen; Abstraktion, Konzeption, Kontemplation,
Bewusstsein, Vergleich, Vorstellung, Urteil, Erinnerung, Erinnerung,
Reminiszenz, Behalten, Wahrnehmung, Empfindung, Reflexion, Gedanke,
Verstehen, Wille und viele andere, die Laune geschaffen hat, oder eine subtile
Unterscheidung half, sich zu vermehren. Dies sind die Materialien, aus denen
scholastische Metaphysiker ihr unähnliches Modell und die verlassene Natur
geformt haben. In diesem gekürzten Aufsatz ist es nicht beabsichtigt, die
Ansprüche dieser zahlreichen Fakultäten zu klären, deren Erörterung einen
ausführlichen Band erfordern würde; und die Verleihung könnte sich
wahrscheinlich in die Länge ziehen, bis der Anspruch vergessen wäre. Wenn
wir über die Geschicklichkeit nachdenken, die die Hand vollbringt, und über
die Denkmäler der Geschicklichkeit und des Geschmacks, die sie geschaffen
hat; es würde nur unnötige Unterscheidungen schaffen, um zu bestätigen,
dass es über die Fähigkeiten des Bildhauerns, Malens, Schreibens, Spinnens,
Webens, Nähens und unzähliger anderer Manipulationen verfügte: außer
denen, die ihm spätere Entdeckungen ermöglichen könnten. Wie reichhaltig
diese Konstrukteure des Geistes auch in der Anhäufung seiner einzelnen
Fähigkeiten gewesen sein mögen, es scheint, dass sie die Sprache, ihr
herausragendstes und wichtigstes Merkmal, wenig beachtet haben; *das
universelle Menstruum der Intelligenz und eine anerkannte Währung für die Zirkulation
und den Austausch von Gedanken* . Es gibt zwei Fähigkeiten oder Fähigkeiten,
die dem menschlichen Intellekt eigen sind und durch die unsere Spezies eine
Vormachtstellung erlangt hat, die alle anderen belebten Wesen in weiter
Ferne zurücklässt: Der Besitz dieser Fähigkeiten hat den Menschen zu einem
fortschrittlichen Wesen gemacht, und die Rasse der Tiere ebenfalls Sie sind
nahezu stationär, so dass sie, wie auch immer sie zur Verbesserung gefoltert
werden mögen, keinen Anreiz verspüren, weiterzumachen, und dass die
Errungenschaft dort zugrunde geht, wo das Tier erlischt. Diese
unbestrittenen Fähigkeiten sind die Sprache mit ihren
Aufzeichnungseigenschaften und das Zahlenverständnis, die mächtigen
Quellen jener Überlegenheit, die der Mensch bereits erreicht hat und der er
seinen weiteren Fortschritt zu verdanken hat.

Da Ideen völlig unfähig sind, den Denkvorgang zu erklären, wird die nächste
Frage sein, ob Worte in der Lage sind, die angemessene Lösung zu bieten.
Zu diesem Zweck würde das einfache Experiment ausreichen; und da wir bei
Bewusstsein sind und alle Handlungen des Geistes im Auge behalten, wird
jeder Mensch im Verhältnis zu seinen Gewohnheiten, das, was in ihm
vorgeht, bewusst wahrzunehmen, in der Lage sein, diese Untersuchung
durchzuführen. Es ist jedoch zu beklagen, dass das Denken nicht die ständige
oder gewohnheitsmäßige Beschäftigung des Geistes mit den Phänomenen
der Natur, den Ereignissen des Lebens oder den Themen ist, denen wir

zuhören und die wir studieren, sondern dass es nur gelegentlich durch Schwierigkeiten geweckt und durch Streit angeregt wird oder durch das Versprechen von Ruhm und die Hoffnung auf Bezüge angerufen. Der übliche Bildungsgang ist nur wenig dazu geeignet, die Gewohnheiten des Denkens zu fördern, und insbesondere das Lehren, bei dem die Autorität diktiert und die Demonstration vernachlässigt wird. Ein Großteil dieser Anweisung wird durch Erniedrigung und Terror durchgesetzt; und der Schüler ist in jungen Jahren gezwungen, Lehren zu schlucken, die er nicht begreifen und folglich nicht verdauen kann, es sei denn durch die peptische Hilfe der Geißel, und die er, wenn er zum Mann gereift und durch die Vernunft erleuchtet ist, auch ist zur Ablehnung gezwungen.

Das Denken erfordert Wissen als Grundlage, und im Verhältnis zu seinem Umfang zu einem bestimmten Thema wird die Untersuchung produktiv sein. Dieses Wissen kann durch Konversation, Lesen oder Experimente erworben werden und erfordert Sprache oder eine Zusammensetzung von Wörtern. Wissen liefert die Materialien zum Denken, und jeder Gedanke muss ein eindeutiger Satz oder ein Satz sein, der aus Wörtern besteht. Ein einzelnes Wort kann, obwohl es eine eindeutige Bedeutung besitzt, keinen Gedanken darstellen, der einen separaten Satz oder eine Schlussfolgerung impliziert, die in einem Satz enthalten ist; noch weniger kann angenommen werden, dass es aus einem individuellen Phantasma oder einer individuellen Idee resultiert. Wenn man bedenkt, dass die Sprache aus Wörtern besteht, die je nach Position angepasst sind, um alle Phänomene und Zufälligkeiten menschlicher Angelegenheiten darzustellen, und dass wir sie durch Umwandlung für *alles einsetzen*, was wir als fühlende und intellektuelle Wesen erfahren können, werden wir dazu in der Lage sein Verstehen Sie, dass sie die zuvor beschriebene mentale Währung sind und dass sie die einzigen Instrumente der Intelligenz sind, auf die wir für die Kommunikation unserer Gedanken oder für den Prozess ihrer Ausarbeitung zurückgreifen können. Sie müssen in Worten ausgedrückt werden, und zwar in Worten, die für diesen Ausdruck vorbereitet sind. Ohne zu versuchen, die verschiedenen Arten von Wörtern oder Wortarten zu untersuchen, die den allgemeinen oder philosophischen Grammatikern vorbehalten sind und deren ungeklärte Streitigkeiten den geduldigen und bescheidenen Forscher immer noch verwirren, genügt die Bemerkung, dass wir über Wörter verfügen, die alle Schattierungen wiedergeben können der Meinung und der Grade des Gefühls: und wenn diese Wörter unter der Leitung erworbener Kenntnisse deutlich zu einem Satz oder Satz angeordnet werden, bilden sie den Gedanken: und der Akt des Denkens besteht in ihrer richtigen Auswahl und Anordnung zum Zweck der Verkündung durch Sprache oder Schrift, und was sehr treffend als Komposition bezeichnet wird. Wenn wir bedenken, dass wir von unserer Kindheit bis zum natürlichen Verfall unserer intellektuellen Fähigkeiten während unserer Wachstunden mit der Ausübung der Sprache beschäftigt sind; [8] – durch Gespräche, oft flüchtig, wobei wir eine Vielzahl von Themen durchgehen, während der Vogel von Ast zu Zweig springt; bis hin zum bewussteren Akt des Verfassens, bei dem der Geist ausdauernd über das Thema grübelt – oder wenn wir lesen und die Gedanken anderer aufmerksam betrachten – tragen diese Beschäftigungen dazu bei, unseren Wortschatz zu erweitern und die Bedeutung der von uns verwendeten Wörter festzulegen. Durch diese Worte und die Intelligenz, die in ihnen steckt, nehmen wir teil, obwohl viele Jahrhunderte vergangen sind, und fühlen uns von dem reinen und erhabenen Geist durchdrungen, der die Ilias und die Odyssee konzipiert hat. Die Zeit hat die Kraft dieser Denkmäler, die das Aussterben der griechischen Staaten und den Ruhm der ewigen Stadt überdauert haben, nicht gemindert oder ihre Schönheit beeinträchtigt; und die leuchtende Entsprechung der Sprache ist so groß, dass wir durch die Übertragung in unsere Umgangssprache ein zufriedenstellendes Maß der ursprünglichen Inspiration erhalten können. Bedenken Sie, dass Ideen, die schwachen Begleiter einer Wahrnehmung, keine Beständigkeit besitzen, nicht übertragen werden können und verschwinden müssen, wenn unsere Existenz endet. Es ist das Wort, das den Kern bildet und den intellektuellen Schatz enthält, der zum Erbe künftiger Generationen werden kann.

Dieser Prozess neigt in keiner Weise dazu, die spirituelle Natur des Denkens zu untergraben, die ihren Ursprung in den Fähigkeiten hat, mit denen wir wahrnehmen, uns daran erinnern und begreifen, dass bedeutende Geräusche oder Worte die umgewandelten Repräsentanten der Objekte der Intelligenz sind. Die Wahrnehmungsorgane vieler Tiere sind besser ausgestattet als die des Menschen, und ihr lokales Gedächtnis ist ausgeprägter. Dennoch sind sie völlig unfähig, Sprache zu verstehen oder Zahlen zu berechnen – Fähigkeiten, durch die der Schöpfer die Menschheit ausschließlich würdig gemacht hat.

Es mag einige Überraschungen hervorrufen, dass ein Essay über das Denken mit der Konstruktion eines klaren Satzes verbunden sein sollte. Um diese Konjunktion zu erklären, kann darauf hingewiesen werden, dass es keinen Beweis für einen Gedanken geben kann, bis er durch Sprache oder Schrift verkündet wird; und bei allen wichtigen Gelegenheiten werden solche Bedeutungsmitteilungen absolut notwendig. Zustimmung oder Widerspruch können in der Tat stillschweigend zum Ausdruck gebracht werden, indem man die Hand hochhält oder per Stimmzettel stimmt, ohne sich herabzulassen, mündliche Gründe für die Annahme oder Ablehnung der vorgeschlagenen Maßnahme anzugeben. Eine Bestätigung oder Verneinung stellt in keiner Weise einen Gedanken dar; Eine solche Entschlossenheit kann aus Willkür, aus Unwissenheit oder aus Vorurteilen ohne die geringste Überlegung resultieren. Das Denken erfordert einen klar konzipierten und deutlich in einem Satz ausgedrückten Satz; und die Klarheit des Gedankens wird durch die Klarheit seines verbalen Ausdrucks festgestellt. Es kann zu Schwierigkeiten kommen, die genaue Bedeutung einzelner Wörter zu respektieren, die auf die Verfälschungen der Unwissenden zurückzuführen sind. aber vor allem von den Perversionen von Schriftstellern, die als Autoritäten gelten. Diese Verzerrung des ursprünglichen Sinns ist bis zu einem gewissen Grad bei allen lebenden Sprachen üblich, da der Lernende in der Kindheit durch das Ohr erlernt wird und gezwungen ist, die Bedeutung von Wörtern zu übernehmen und die aktuelle Ausdrucksweise derjenigen anzuwenden, mit denen er spricht Assoziiert. Wenn ihm anschließend das Sprechen und Schreiben durch Regeln oder die Grammatik im Allgemeinen in einem Alter vor der Ausübung der Vernunft beigebracht wird, wird er gezwungen, das aufzunehmen, was durch den Unterricht erzwungen wird. Selbst in einem fortgeschritteneren Stadium kann der Student nicht ohne weiteres verstehen, wie ein klarer Satz durch die Position einzelner Wörter gebildet wird, von denen jedes eine bestimmte Bedeutung hat, was vermutlich eine Tatsache ist: Aber Herr Dugald Stewart schreibt IN SEINEN Philosophischen *Essays* : *P.* 155, hat eine Lehre eingeführt, die dieser begründeten Position völlig entgegengesetzt ist. „Das alles unterscheidet sich so sehr von der Tatsache, dass unsere Wörter, wenn man sie *einzeln betrachtet, oft genauso völlig unbedeutend* sind wie die Buchstaben, aus denen sie bestehen: Sie beziehen ihre Bedeutung *ausschließlich* aus der Verbindung oder Beziehung, in der sie zu anderen stehen."

Für die Erinnerung an Mr. STEWART empfinde ich gemeinsam mit seinen überlebenden Schülern die Ehrfurcht, die einem gelehrten, eloquenten und liebenswürdigen Lehrer gebührt, auch wenn ich jetzt in vielen wesentlichen Punkten in Bezug auf seine Philosophie des menschlichen Geistes anderer Meinung sein mag als er . Die Tatsache, dass jedes Wort eine eindeutige Bedeutung hat, scheint eine der Grundlagen der Sprache zu sein: und es ist unmöglich, sich vorzustellen, dass ein Wort, das an sich völlig unbedeutend ist, anderen eine Bedeutung vermitteln kann; Was es nicht enthält, kann nicht mitgeteilt werden. Der im Wort *oft enthaltene Vorbehalt* impliziert, dass einige Wörter wirklich bedeutsam sind; Es werden jedoch keine Anweisungen gegeben, wie man aus dem umfangreichen Vokabular unserer Sprache diejenigen entdecken und auswählen kann, die mit Bedeutung durchdrungen sind, um die unbedeutenden auszulöschen. Wenn wir Dr. JOHNSONS Wörterbuch konsultieren, stellen wir fest, dass der größte Teil der in seiner umfangreichen Sammlung aufgezählten Wörter nicht sinnlos, sondern überreichlich bedeutungsvoll ist. Somit hat das Verb denken zehn Bedeutungen; der substantive Gedanke (das Präteritum des Verbs), 12; Etwas, ns, 5; Nichts, ns, 11; Glatt, Adj., 6; Rau, Adj., 12; Stehen, vn, 69; Laufen, vn, 62; Leer, Adj., 9; Voll, Adj., 15; Anfang, ns, 5; Ende, ns, 20; Vorher, Präpos ., 12; Nachher, Vorb., 6. So seltsam oder vielleicht lächerlich diese Zahlen auch erscheinen mögen, doch im Fortschritt der Sprache von der Barbarei zur Verfeinerung, von der angenommenen Autorität der Schriftsteller ist diese Anhäufung von Bedeutungen unvermeidlich. So präzise die ursprüngliche Bedeutung von Wörtern auch gewesen sein mag, Vorstellungskraft, Leidenschaft oder Gefühl würden sie unter den Ergüssen des „Dichters, des Verrückten oder des Liebenden" leicht dazu bringen, von ihrer ursprünglichen Bedeutung abzuweichen. Eine korrekte Etymologie würde den groben und einfachen Ursprung vieler Wörter enthüllen, die uns unsere angelsächsischen und normannischen Vorfahren hinterlassen haben; obwohl wir uns des Erbes nur noch wenig bewusst sind; da die große Masse keine Neigung verspürt, zur Quelle der Ableitung zurückzukehren. Viele wurden durch Korruption verzerrt, und diese sind am schwierigsten aufzuspüren. Hinzu kommt, dass die Begriffe, die wir heute verwenden, um unsere Gefühle und Leidenschaften auszudrücken, sowie alles, was den Geist und seine Funktionsweise darstellt, bildlicher oder metaphorischer Natur sind Herkunft. Anstatt dass ein Wort unbedeutend ist, gibt es niemanden, der zum Schlussstein eines Satzes werden kann; und deshalb würde ein ausgelöschtes Wort in einem klaren, das heißt einem richtig konstruierten Satz ihn unverständlich machen. Für den Aufbau eines Satzes sind, was auch immer der Gedanke sein mag, unbedingt bestimmte Wörter erforderlich, von denen jedes eine individuelle Bedeutung enthält; die, wie eine Summe, aus verschiedenen Einheiten zusammengesetzt sind, von denen jede einen eigenen und inneren Wert besitzt, und die zusammen die Gesamtsumme ergeben können. Für diejenigen, die sich nicht aufmerksam mit dem Thema befasst haben, ist es erheblich schwierig zu verstehen, wie eine bestimmte Anzahl von Wörtern die in einem Satz oder Satz enthaltene Intelligenz umfassen kann und insbesondere, wie diese Komponenten getrennter Bedeutungen zu einer solchen allgemeinen und umfassenden Bedeutung verbunden werden können . Es sollte daran erinnert werden, dass die Sprache so erstaunlich verschlossen ist , dass sie alle lebenden und unbelebten Materialien dieser Welt umfasst, alles, was die Wahrnehmung erkennen, sich erinnern oder Gedanken ausarbeiten kann. Diese Darstellung umfasst die gegenwärtige Lage der menschlichen Angelegenheiten und die Bewegungen, die wir beobachten: — vieles, was bisher geschehen ist, was die Charaktere der Sprache aus dunklen und fernen Zeitaltern unvergänglich bewahrt haben und mit geballtem Interesse in der Lage sind, es einer entfernten Nachwelt zu übermitteln : all diese Erfahrung hat sich angesammelt, begleitet von den tröstenden Verheißungen der Zukunft, die die Offenbarung entfaltet hat. Das ausgedehnte Reich der Sprache und ihre immerwährenden Charaktere umfassen diesen erstaunlichen Bereich; aber ihr Verständnis ist ausschließlich auf die Menschheit beschränkt. Wenn Worte alles Offensichtliche und Vermutete darstellen können — die Werke der Allmacht und die Erfindungen des Menschen — müssen wir nicht weiter nach den notwendigen Denkmaterialien suchen. Die Schwierigkeit, die viele

Menschen hinsichtlich der Kompaktheit und Einheitlichkeit der in einem Satz enthaltenen Intelligenz verwirrt, rührt hauptsächlich von ihrer Unkenntnis der genauen Bedeutung einzelner Wörter her. Etymologen würden sie in ihrem ursprünglichen Sinn verwenden und sich durch den Verweis auf ihre ursprüngliche Bedeutung für gerechtfertigt halten; andere würden sie gemäß ihrer gewöhnlichen Akzeptanz verwenden, die möglicherweise pervertiert ist; denn im Sprachgebrauch ist vieles fehlerhaft und gefälscht; aber im Allgemeinen wird die Autorität akkreditierter Schriftsteller übernommen, wie auch immer sie anderer Meinung sein mögen. Die eigentliche Bedeutung vieler Wörter, insbesondere der Partikel, wird unklar erscheinen; weil sie verdeckte Abkürzungen anderer Wörter sind und in manchen Fällen so tief versunken sind, dass sie nicht ergründet werden können. Nun könnte die Erforschung dieser praktischen und notwendigen Teilchen ein langes Leben in Anspruch nehmen, einschließlich der umfangreichen Bemühungen jener berühmten Grammatiker, die ihre widersprüchlichen Arbeiten beendet haben , ohne zu ihrer ursprünglichen Bedeutung zu gelangen. Die chemischen Elemente der Materie haben verschiedene Reformen und tatsächliche Revolutionen durchgemacht und warten immer noch auf weitere Verwirrung.

Die Klarheit des Gedankens wird sich in der Klarheit des Satzes manifestieren, der ihn zum Ausdruck bringt. Was auch immer damit zusammenhängen mag, es lässt sich am leichtesten verstehen, wenn es in der genauen Reihenfolge seines Auftretens detailliert beschrieben wird. Wenn eine Prozession beschrieben wird, muss die genaue Reihenfolge ihres Zuges notiert werden, sonst wird es zu einem verwirrten Personengemisch oder einem Mob. Die gleiche Regelmäßigkeit ist beim Satzbau erforderlich; und es scheint ein Glück zu sein, dass die englische Sprache diese direkte Anordnung von Wörtern in Einklang bringt, von der ihre Übereinstimmung mit natürlichen Ereignissen und menschlichen Transaktionen hauptsächlich abhängt. Von diesem geradlinigen Ausdruck der Bedeutung können wir in Zukunft eine hervorragende Komposition und eine direktere Ausarbeitung des Gedankens erwarten. Diese ferne Aussicht, die die Fantasie zeichnet und die Hoffnung fördert, kann nur in einem System verwirklicht werden, in dem das Licht unkontrolliert strömt und die Atmosphäre, die wir atmen, frei ist. Der Geist der Freiheit muss dort vorherrschen, wo Verbesserungen erwartet werden. Wenn wir die Kraft und Gewohnheit des originellen Denkens erlangt haben, dem wichtigsten Teil der Bildung, ist der Geist emanzipiert und seine Unabhängigkeit beginnt: Wir hören auf, Spaliere zu sein, und werden zu Standards. Bisher wurden wir hauptsächlich nach antiken Vorbildern ausgebildet. Die griechischen und lateinischen Historiker, Redner und Dichter haben die fügsame Zeit der Jugend weitgehend in Anspruch genommen: wenn die Wahrnehmung aktiv ist und das Gedächtnis seine verschiedenen Ablagerungen am dauerhaftesten behält, bis hin zur

Vernachlässigung der großen Darstellungen der Natur, der Zahlenoperationen, die Grundlagen der Wissenschaft und insbesondere die Ausübung des Denkens. Nachdem wir die Schule verlassen und unsere Laufbahn mit einer gewinnbringenden Beschäftigung begonnen haben, werden diese Studien selten fortgesetzt und geraten aus Verzweiflung bald in Vergessenheit; oder nur, vielleicht unpassend, in einem gelegentlichen Zitat wiederbelebt. Sogar eine lebendige Sprache verschwindet aus der Erinnerung, wenn sie nicht geübt wird. Die indirekte Ortung von Wörtern, die im Lateinischen vorherrscht, kann kein Vorbild für die englische Komposition sein, wo regelmäßige und fortlaufende Bedeutung die Klarheit des Satzes ausmachen; und entsprechend der angenommenen Argumentation, des Gedankens selbst. Worte und die Bedeutung, die jedem Einzelnen innewohnt, sind die einzigen Medien, durch die unsere Gedanken übermittelt werden können; und wenn diese, die durch Sinn und Subjekt verbunden sind, so getrennt oder verschoben sind, dass es ein Rätsel wird, sie auf ihre natürliche Ordnung zu reduzieren, sollte eine solche Ablenkung nicht als Beispiel für den Denkprozess und seine Entwicklung angesehen werden durch Zusammensetzung oder Konstruktion von Sätzen in der englischen Sprache. Die Verbindung , die in einem klaren Satz besteht, ist die Bedeutungsverbindung, ein weiterer Beweis für die individuelle Bedeutung von Wörtern, die einen bestimmten Sinn haben und für den Zweck dieser Zusammensetzung ausgewählt werden, die wir den Prozess des Denkens nennen . Zu diesem Zusammenhang werden wir durch das Wissen geführt, das wir über ein bestimmtes Thema besitzen, wenn wir intensiv mit seiner Untersuchung beschäftigt sind, um es zu widerlegen oder zu bestätigen, oder durch einen erfolgreicheren Versuch, zu einer Entdeckung zu gelangen: und durch diese Denkakte beinhalten die Fortführung der Bedeutung durch das Hinzufügen von Wörtern, die geeignet sind, diese Absicht zu erfüllen.

Verbindung ist zu einem großen Teil die Erfindung unseres eigenen Geistes und wurde häufig mit aufeinanderfolgenden Vorkommnissen verwechselt, von denen sich bei näherer Betrachtung herausstellt, dass viele davon in keinerlei Zusammenhang stehen. Die meisten Menschen verbinden Umstände miteinander, die getrennt gehalten werden sollten und die sich oft als Quelle unüberwindlicher Vorurteile erweisen.

Es lässt sich kaum bestreiten, dass die Reihenfolge der Zeit eine solche Verkettung herstellt, obwohl sie die Grundlage der historischen Erzählung bildet. Jeder Teil der Zeit muss individuell und unterschiedlich sein und besteht im Wesentlichen aus seinen Unterteilungen: Tatsächlich würde unsere Existenz, wenn wir Stunden, Tage und Jahre miteinander verschmelzen würden, nur einem langweiligen Traum gleichkommen. Die Buchstaben des Alphabets sind isolierte Symbole und haben keinen natürlichen Zusammenhang miteinander, können aber so angeordnet werden, dass sie Wörter bilden, die eine bestimmte Bedeutung haben. Wörter befinden sich in der gleichen Situation, es gibt keine Verbindung im Wortschatz; sie ähneln den Individuen unserer Spezies. Jeder ist ein eigenständiges Wesen mit seinen eigenen Neigungen und seinem besonderen Charakter; aber er kann sich mit anderen in Freundschaft, aus Interessen oder als Mitglied einer Gesellschaft für bestimmte Ziele verbinden: Er kann sich mit riesigen Körperschaften verbünden, um seine Rechte zu schützen, oder Teil einer Armee werden, um seine Nachbarn zu vernichten . So versucht ein philosophisches System, in Broschüren oder in beeindruckenden Bänden, ein anderes zu stürzen: aber die Wörter sind individuell und haben keine Tendenz, sich zu assoziieren, bis sie in die Zusammensetzung von Sätzen einbezogen und diszipliniert werden.

Wenn der Satz oder Satz gebildet wird, sollte er einen möglichst unmittelbaren Zusammenhang aufweisen , damit er leicht verstanden und dauerhaft im Gedächtnis behalten werden kann. Aufgrund der Natur unseres Geistes erinnern wir uns an Ereignisse, wie unzusammenhängend sie auch sein mögen, in der Reihenfolge ihres Auftretens, und wir lernen jede Passage mit ebener Konstruktion leichter auswendig, als wenn die natürliche Abfolge durcheinander gerät; Wir wiederholen Zeilen von Pope mit größerer Genauigkeit als Zitate von MILTON .

Um diesen Aufsatz auf ein Minimum zu beschränken, wurden Zitate sorgfältig vermieden; Dennoch besteht die Versuchung, dieses Thema durch die Einführung eines Epigramms aus MARTIAL , *Lib., zu veranschaulichen. 5, Epig . 1.*

13 14 18 15 17 16 18
„Hoc tibi Palladiae seu Collibus Gebärmutter Albæ ,

2 19 20 22 21 23 24
Cæsar et hinc Triviam prospicis inde Thetin :

25 28 26 27 28 26
Seu tua veridicae discunt responsa sorores ,

30 31 29 32 30 31Plana suburbani qua cubat unda Freti :

33 30 35 34 37 38 39
Seu plaziert Æneæ nutrix , seu Filia Solis ,

40 42 41 41 42
Sive salutiferis Candidus anxur Besitzstand ;

12 1 6 3 8 5 4Mittimus or rerum felix tutela salusque ,

7 7 12 8 10 9
Sospite quo gratum Credimus esse Jovem .

ordo verborum " hinweisenden Zahlen entsprechen der beigefügten
Interpretation von Mons. COLLESSON , der diese Delphine-Ausgabe erstellt
hat. Die gleichen Zahlen wurden dort platziert, wo das Adjektiv mit dem
Substantiv oder Pronomen übereinstimmt; und aus diesem Grund werden
aufgrund der aufeinanderfolgenden Anordnung dieser aufgelösten und
zerstreuten Mitglieder des Satzes einige junge Herren in der Schule und viele,
die ihre Ausbildung abgeschlossen haben, erhebliche Verpflichtungen haben.

Es ist von großer Bedeutung, dass diese Frage ausführlich erörtert wird, um
endgültig geklärt zu werden. Die Grundlagen sind physiologischer Natur, der
Aufbau beinhaltet einige moralische Überlegungen: und die
Schlussfolgerungen werden einen weitreichenden Einfluss auf das
Bildungssystem haben, das übernommen werden sollte. Wenn die
Wahrnehmungen des Auges und die damit verbundenen Phantasmen oder
Erinnerungsvisionen unter dem Namen IDEEN als wirksame Materialien
unserer Gedanken angesehen werden sollen; Eine solche Schlussfolgerung
wird direkt durch die Beispiele derjenigen widerlegt, die blind geboren
wurden und ihr ganzes Leben lang blind bleiben, und denen es zwangsläufig
an solchen Materialien mangelt. Wenn der Gedanke das Ergebnis eines
unmittelbaren spirituellen Diktats ist, von dem die Schwierigkeit, es ohne
eine solche mysteriöse Handlung zu erklären, viele zu der Annahme
veranlasst hat, dass wir uns dessen nicht bewusst sind, ist die Verantwortung
unserer Spezies zerstört. Wenn das Denken durch die Auswahl und
Anordnung von Wörtern bewirkt wird , von denen jedes eine bestimmte
Bedeutung hat und in der Verbindung mit anderen Wörtern in der Lage ist,
deren Bedeutung zu erhöhen: Wir *sind* uns dieses Prozesses und der
einzelnen Schritte, aus denen er besteht, bewusst Bei gebührender
Aufmerksamkeit verschwindet das Geheimnis, und der Akt des Denkens
entfaltet sich in der fortschreitenden Bildung eines klaren Satzes.

FUSSNOTEN:

[1] Das Auge ist das einzige Sinnesorgan, das ein zusammenhängendes Phantasma, eine Vision oder eine Idee ermöglicht. Im anderen Sinne gibt es eine Erinnerungsverbindung, durch die die Wahrnehmung als zuvor geschehen erkannt wird und folglich ein Bewusstsein der früheren Wahrnehmung entsteht. Ohne diese Hilfsmittel wäre die Wiederholung dieser Wahrnehmungen als Erkenntnisinstrumente nutzlos. Um eine ausführlichere Beschreibung der anderen Sinne zu vermeiden, reicht es aus, das Geruchsorgan als Beispiel zu nennen. Wenn wir die Essenzen von Rose oder Jasmin riechen, erkennen wir bei der zweiten Darbietung, dass sie schon einmal aufgetreten sind: Hätten wir die gleichen Düfte von den lebenden Pflanzen gerochen, die sie ausatmen, und sie mit dem *Auge* wahrgenommen, würden wir ein Phantasma erleben oder Vorstellung von der Gestalt der Pflanzen, aber es gäbe kein Phantasma vom Geruch . Die mit der Wahrnehmung verbundene Erregung des Phantasmas und die Erinnerung an die Wahrnehmung ohne das Phantasma durch die Zuschreibung eines Namens wird vorerst absichtlich verschwiegen.

[2] Änderung. Ein Wort von nutzloser Bedeutung, es sei denn, der *Modus in quo agit* wird definiert.

[3] Von den angeblichen Wirkungen dieser Ideen und den Zwecken, denen sie unterworfen sind, sind einige unter zahlreichen Beispielen aus Mr. Lockes Essay ausgewählt. „Manche Ideen bieten sich dem Verständnis aller Menschen *an* ; manche Arten von Wahrheiten ergeben sich aus irgendwelchen Ideen, sobald der Geist *sie* in Sätze umsetzt; andere Wahrheiten erfordern eine *Reihe geordneter* Ideen .“ – *Bd.* I. *p.* 63.

„Wenn das Verständnis einmal mit diesen einfachen Ideen gespeichert ist, hat es die Kraft, sie zu *wiederholen* , *zu vergleichen* und *zu vereinen* , sogar in einer nahezu unendlichen Vielfalt, und kann so nach Belieben *neue* komplexe Ideen schaffen.“ – *Bd.* I. *p.* 81.

„Der nächste Vorgang, den wir im Geist hinsichtlich seiner Ideen beobachten können , ist DIE KOMPOSITION , wobei er mehrere der einfachen Ideen, die er durch Empfindung und Reflexion erhalten hat, zusammenfügt und sie zu komplexen Ideen *kombiniert* .“ – *Bd.* I. *p.* 118.

„Wenn entweder durch einen plötzlichen sehr starken Eindruck oder durch die lange Fixierung seiner Fantasie auf eine Art von Gedanken, *inkohärente Ideen so stark zusammengekittet* wurden , dass sie vereint bleiben.“ – *Bd.* I. *p.* 121.

„Aber es gibt Grade des Wahnsinns wie der Torheit, das ungeordnete *Durcheinandermischen* von Ideen, in einigen mehr und in anderen weniger.“ *Bd.* I. *p.* 122.

„Die Handlungen des Geistes, mit denen er seine Macht über seine einfachen Ideen ausübt, sind hauptsächlich drei. 1. Die Kombination mehrerer einfacher Ideen zu einer *zusammengesetzten*, und *so* entstehen alle komplexen Ideen. Die zweite besteht darin, *zwei Ideen zu bringen*, ob einfach oder einfach komplex zusammen und *stellt* sie zueinander, um sie *sofort zu betrachten*, ohne sie zu einem zu vereinen; auf diese Weise erhält es alle seine Beziehungsideen . Die dritte besteht darin, sie von allen anderen *begleitenden Ideen zu trennen* sie in ihrer wirklichen Existenz; das nennt man Abstraktion.“ – *Bd.* I. *p.* 124.

[4] Der Spracherwerb besteht nicht ausschließlich in der Nachahmung des Wortes, sondern auch in der Einsicht, dass der artikulierte Laut der Repräsentant des wahrgenommenen Gegenstandes ist. Ich habe einige Personen gesehen, deren Intelligenz mangelhaft war und die ein perfektes Gehör hatten und einige Melodien pfeifen konnten, die jedoch nicht in der Lage waren, ihre Muttersprache zu lernen, um zu verstehen, was ihnen gesagt wurde, und die daher nicht in der Lage waren, eine Antwort zu geben . In dieser Hinsicht kommen sie dem Zustand der Tiere nahe.

[5] „ Nek Missas audire Queunt , ang reddere voces.

[6] Wenn man die Konkordanz von CRUDEN HERANZIEHT, scheint es nicht, dass das Wort IDEE in unseren Übersetzungen des Alten und Neuen Testaments zu finden ist. Obwohl CRUDEN ALS VERRÜCKTER GALT, WAR ER EIN MANN MIT BEHARRLICHER FORSCHUNG UND PEINLICHER GENAUIGKEIT.

[7] Es ist sehr wahrscheinlich, dass MARTIAL in seiner Lobrede auf den römischen Notarius die tatsächliche Aufführung übertroffen hat.

„Johannisbeere verba licet, manus est Velocior illis :

Nondum Linga suum , dextra peregit opus.

Lib. 14, Epig . 208.

[8] In Anlehnung an das (amerikanische) Gefängnis von Auburn haben die Richter von Middlesex in ihrer juristischen Weisheit ein völlig entgegengesetztes System übernommen; indem sie eine schreckliche Stille in ihrem Gefängnis erzwangen. Diese Buße muss hart auf die Verbrecher des sanfteren Geschlechts einwirken, für die Tee und Unterhaltung (von Irrtümern abgesehen) die wichtigsten Annehmlichkeiten des Lebens darstellen. CATULLUS scheint auf diese höllische Kunst anzuspielen, das Elend der Inhaftierung noch schlimmer zu machen.

„ Nulla fugæ ratio, nulla spes : OMNIA MUTA ,

Omnia sunt deserta : ostentant omnia Lethum .